AUF DIE PLÄTZE! FERTIG! KRITZELN!

Informationen der deutschen Nationalbibliothek

Die Deutsche Nationalbibliothek verzeichnet diese Publikation in der Deutschen Nationalbibliografie; detaillierte bibliografische Daten sind im Internet über http://dnb.d-nb.de abrufbar.

BLV Buchverlag GmbH & Co. KG
80797 München

Bildnachweis:
Autorenfotos von Inga Hellmich
Illustrationen: Lilli L`Arronge, Cornelia Haas
Umschlaggestaltung: Lilli L`Arronge

Lektorat: Sandra-Mareike Kreß
Herstellung: Hermann Maxant
DTP: Lilli L`Arronge, Cornelia Haas

Gedruckt auf chlorfrei gebleichtem Papier

Printed in Italy

ISBN 978-3-8354-1250-7

Lilli L'Arronge
Cornelia Haas

DAS GARTEN KRITZEL BUCH

MIT KRITZELBATTLE für zwei Spieler

blv

Schau mal da!
Das erste zarte Gekritzel
ist erblüht.
Gib ihm doch etwas
Gesellschaft!

Täglich grüßt der Gartenzwerg

Howdy!

Ein wunderbarer Platz für unser neues Zuhause. Fehlt nur noch das Nest.

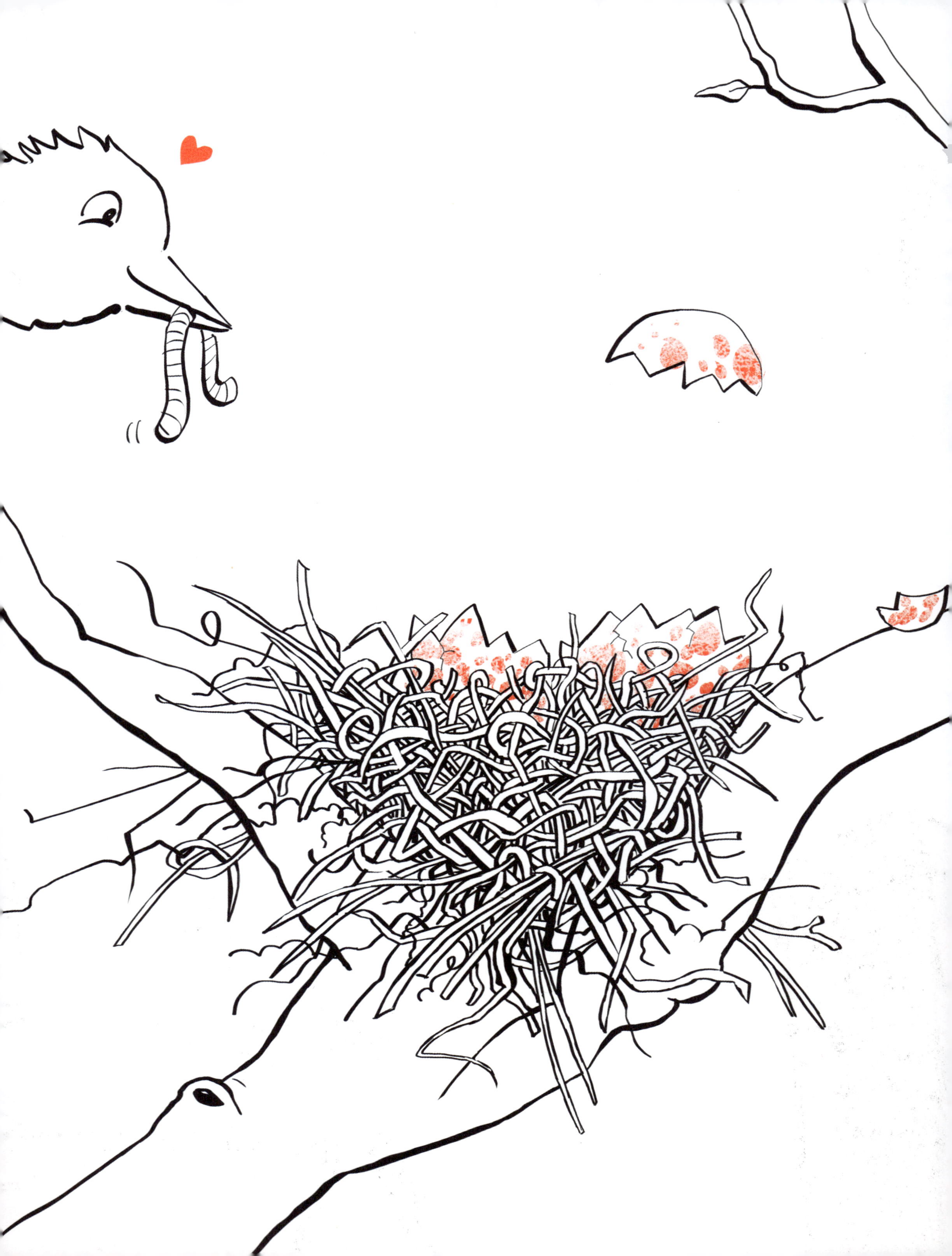

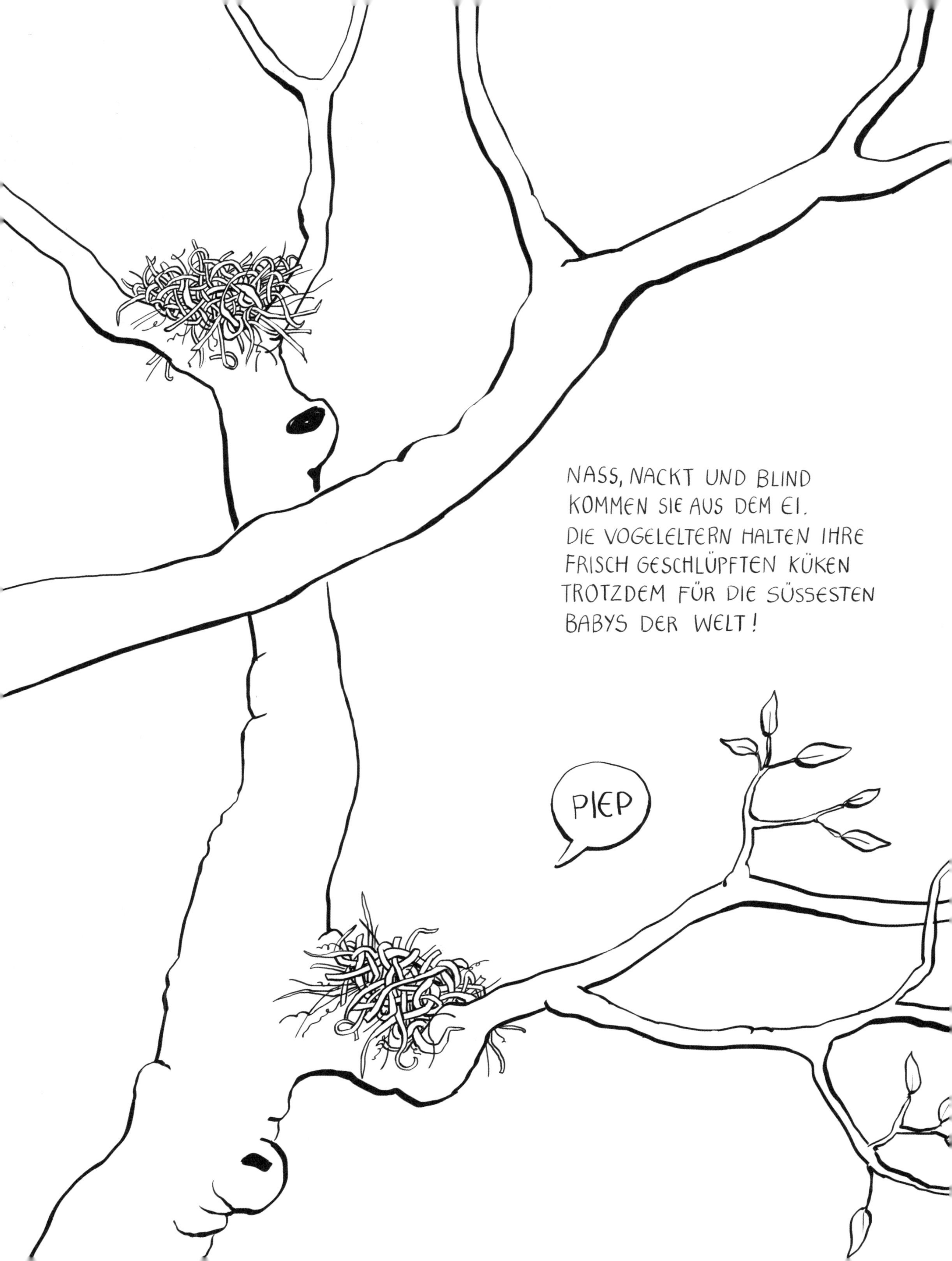
NASS, NACKT UND BLIND KOMMEN SIE AUS DEM EI. DIE VOGELELTERN HALTEN IHRE FRISCH GESCHLÜPFTEN KÜKEN TROTZDEM FÜR DIE SÜSSESTEN BABYS DER WELT!
PIEP

FRÜHLING

Jetzt aber ran an
Garten und Balkon!

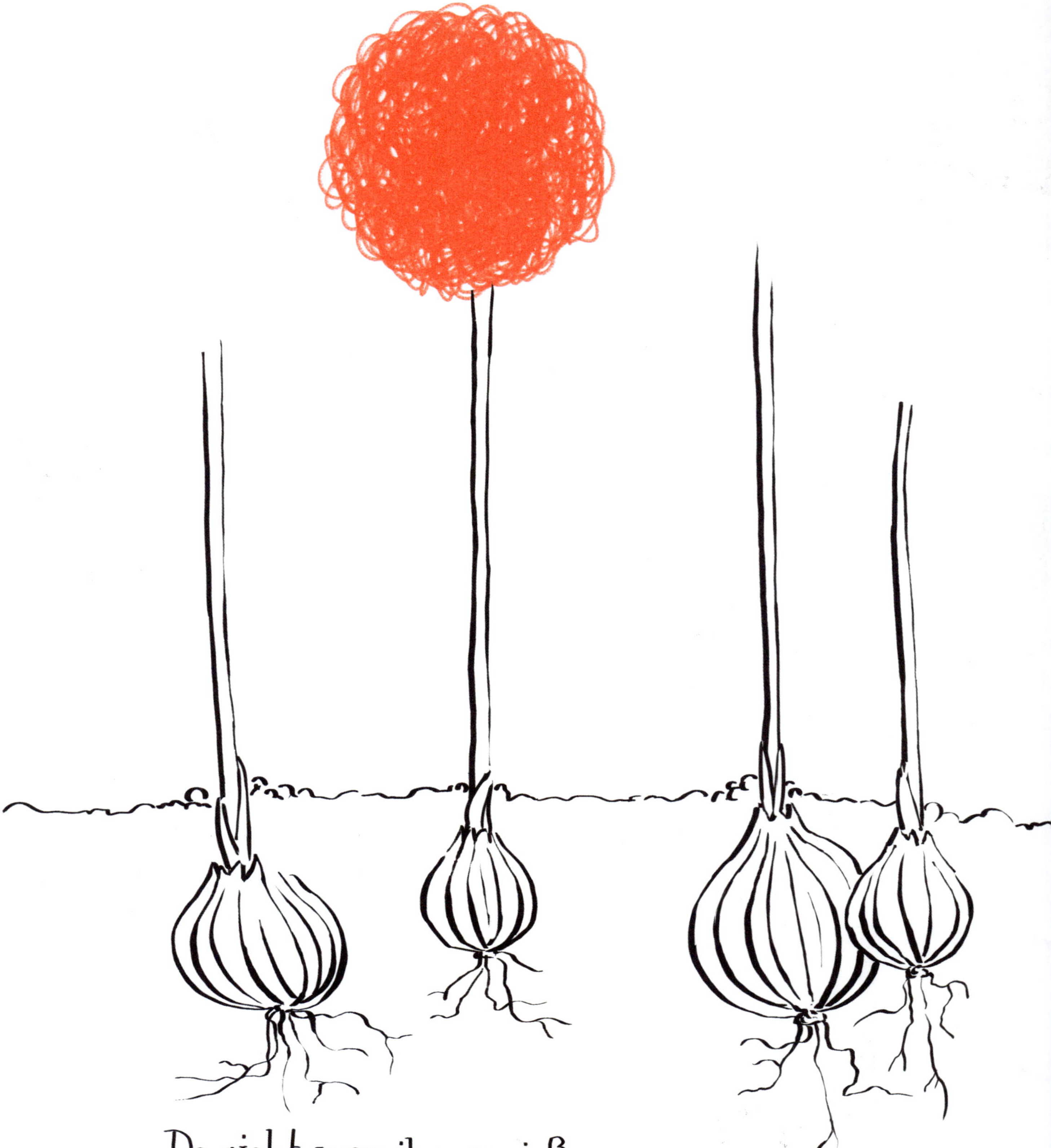

Da sieht man ihn sprießen:
den zauberhaften Allium Kritzeleikum

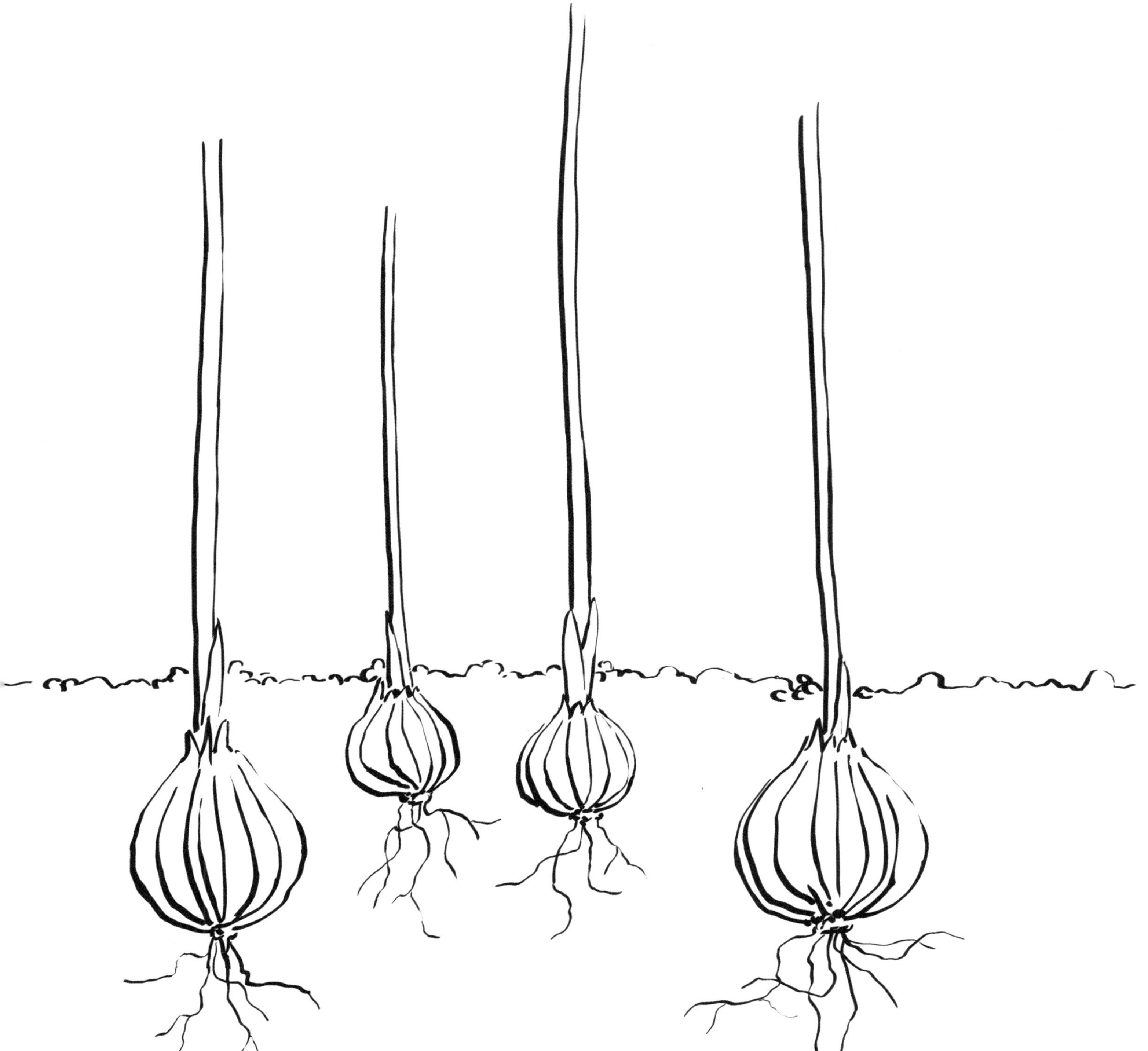

Was sich beim Umgraben
so alles findet...

DER ERSTE HEISSE TAG DES JAHRES
KOMMT IMMER SO ÜBERRASCHEND.

GUT, DASS SICH DIE NACHBARN IHR WINTERFELL
AUCH NOCH NICHT GESTUTZT HABEN!

Falter Walter freut sich schon auf
die Blütenpracht des Frühlings!

Hendrik war so stolz auf seinen super Sitzrasenmäher – bis Hilde mit ihrem brandneuen Schätzchen aus der Garage fuhr.

BEI DIESEN VIER FÜRCHTERLICHEN VOGELSCHEUCHEN
HABEN RABEN KEINE CHANCE

MIST! HERTIE UND BERND
SIND DOCH ALLERGISCH
GEGEN ERDBEREN.
ALLES VOLLER PUSTELN!

Mit zarten Blütenkränzen im Haar
tanzen meine Gartenelfchen durch
die duftende Blumenwiese

WAS KREUCHT UND FLEUCHT DENN DA?

ZU SPATEN UND STIEFEL TRÄGT
MAN DIESE SAISON TRENDIGE MUSTER
UND GEWAGTE FARBEN

Die Sonne schein

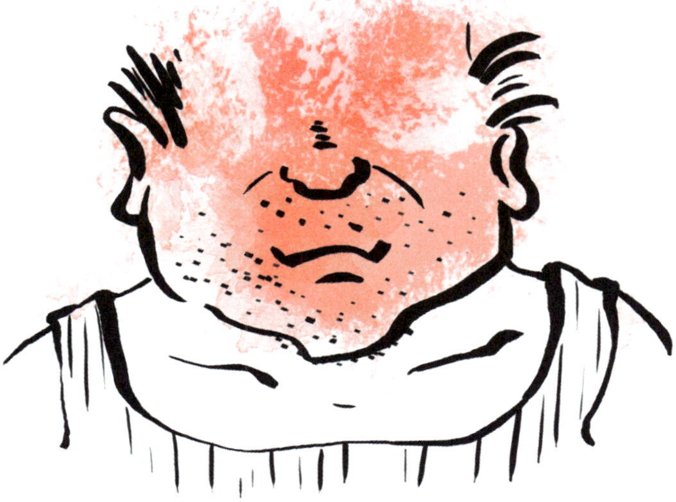

es brennt das Haupt, da hilft nur Hut und Sonnenbrille!

Beim Karneval der Marienkäfer kann man mit einer ausgefallenen Farbkombi punkten.

ALARMSTUFE ROT!
DER GANZE VORGARTEN VOLLER TRETMINEN!

GRRR
ACHTUNG BISSIG!

RUDI
10
8
...UND DU MUSST GEH'N!

In der Schrebergartensiedlung
heisst es Farbe bekennen!

KRITZELBATTLE für zwei
Meine Krone ist schneller vollgekritzelt!
SPIELER 1

Nein! Meine!!!
SPIELER 2

Insektenhotel

Hier ist alles willkommen, was kreucht und fleucht.

Hallo Herr Nachbar! Teil 1

SIE STOCKSTEIFER RASENKANTEN-DIKTATOR!

Die schönen Blumen
brauchen dringend Wasser!
Wo hat Tante Babette
nur die Vasen gelassen

AU WEIHA!

Mein Gartenteich ist kein Kaulquappenkindergarten.
Baden nicht empfohlen! (für alle, denen ihr Leben lieb ist)

Jedes Jahr an meinem
Sommerflieder findet es statt:
Das große Who-is-Who der Schmetterlinge

AU WEIA! EIN RIESENFICUS! VIELLEICHT HÄTTE ICH DIE GEBRAUCHSANWEISUNG AUF DER PACKUNG DOCH GENAU LESEN SOLLEN…?

GARTENFEIND NR. 1
NAME:
SCHANDTATEN:
HASSFAKTOR
GARTENFEIND NR. 2
NAME:
SCHANDTATEN:
HASSFAKTOR
GARTENFEIND NR
5
NAME: HERMANN
SCHANDTATEN: ROSENBLÜTEN AUFESSEN, EICHHÖRNCHEN JAGEN, AMEISEN VERBRENNEN
HASSFAKTOR

GARTENFEIND NR. 3
NAME:
SCHANDTATEN:
HASSFAKTOR
GARTENFEIND NR. 4
NAME:
SCHANDTATEN:
HASSFAKTOR
GARTENFEIND NR. 7
NAME:
SCHANDTATEN:
HASSFAKTOR
GARTENFEIND NR. 6
NAME:
SCHANDTATEN:
HASSFAKTOR

RONS NEUES HOBBY: MYSTERIÖSE RASENBOTSCHAFTEN MÄHEN

DIE NACHBARN AUS DER SCHREBERGARTENKOLONIE SCHWÖREN SCHON LANGE DRAUF.
»GERUCHSARM UND ZUVERLÄSSIG« VERSPRACH DER KATALOG.

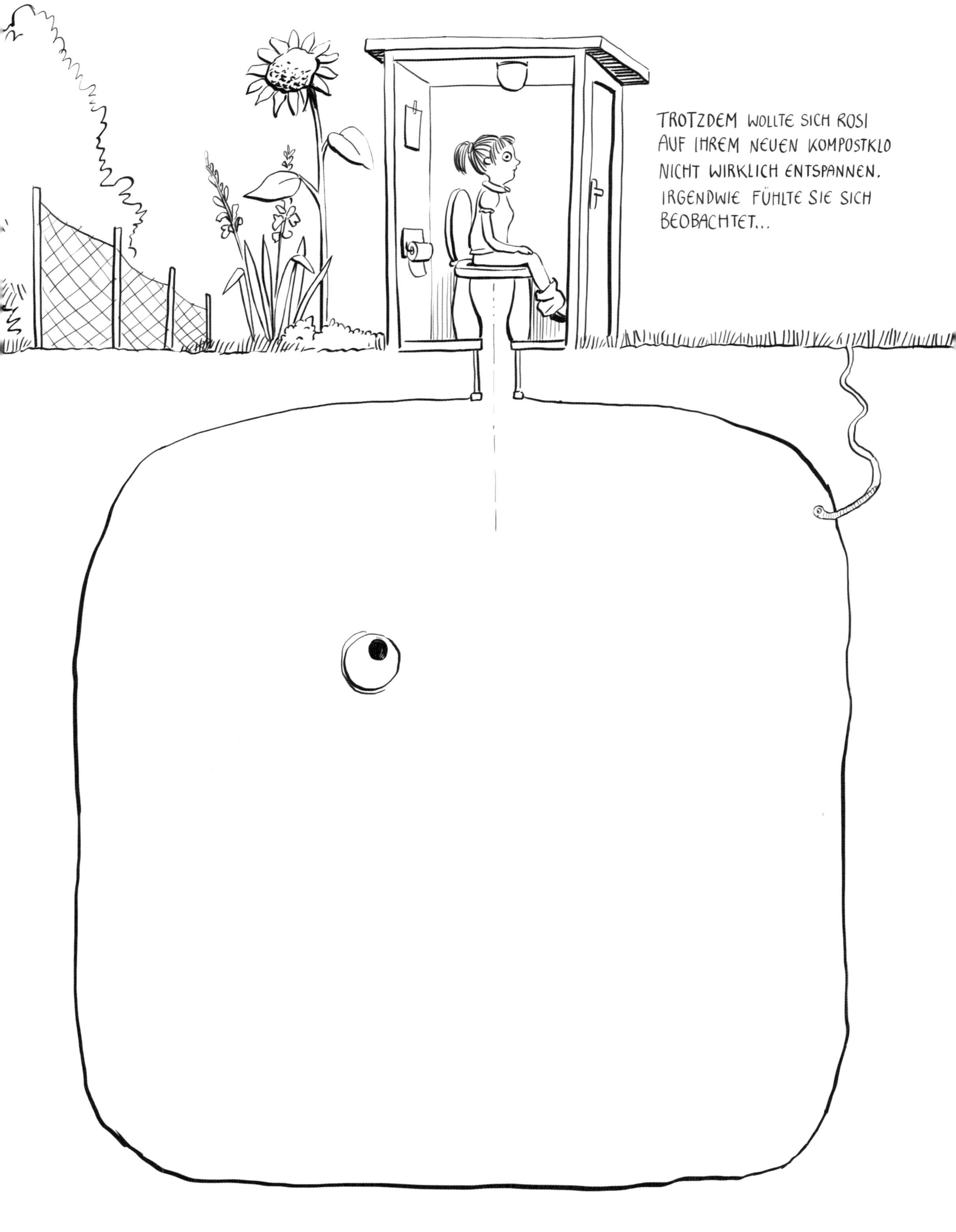
TROTZDEM WOLLTE SICH ROSI AUF IHREM NEUEN KOMPOSTKLO NICHT WIRKLICH ENTSPANNEN. IRGENDWIE FÜHLTE SIE SICH BEOBACHTET...

KRITZELBATTLE für zwei

Hier herrscht die absolute Kaninchenplage!

SPIELER 2

SPIELER 1: _______________

Wem gelingt es, alle fünfzehn am schnellsten auszukritzeln?

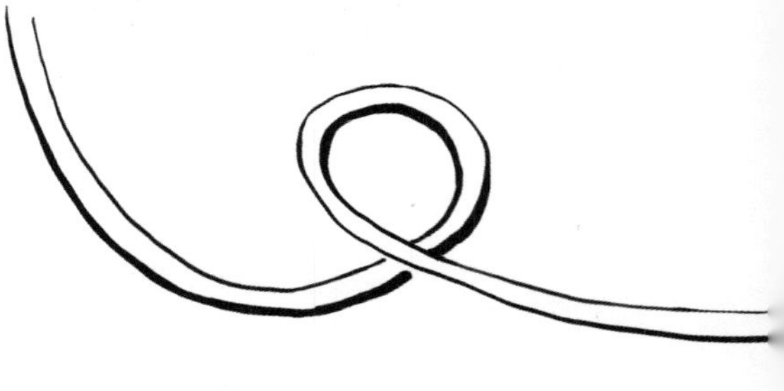

DU HAST DA EINEN KNOTEN IM SCHLAUCH, HERBERT!

Oh wie schade, wär'das fade ohne eig'n

Marmelade!

WAS FÜR EIN ALPTRAUM – ALLES VOLLER GIERSCH! DA HILFT NUR EINS: AUSREISSEN, AM BESTEN DIE GANZE SEITE!

HAUFEN,
HAUFEN - IMMER
MEHR HAUFEN

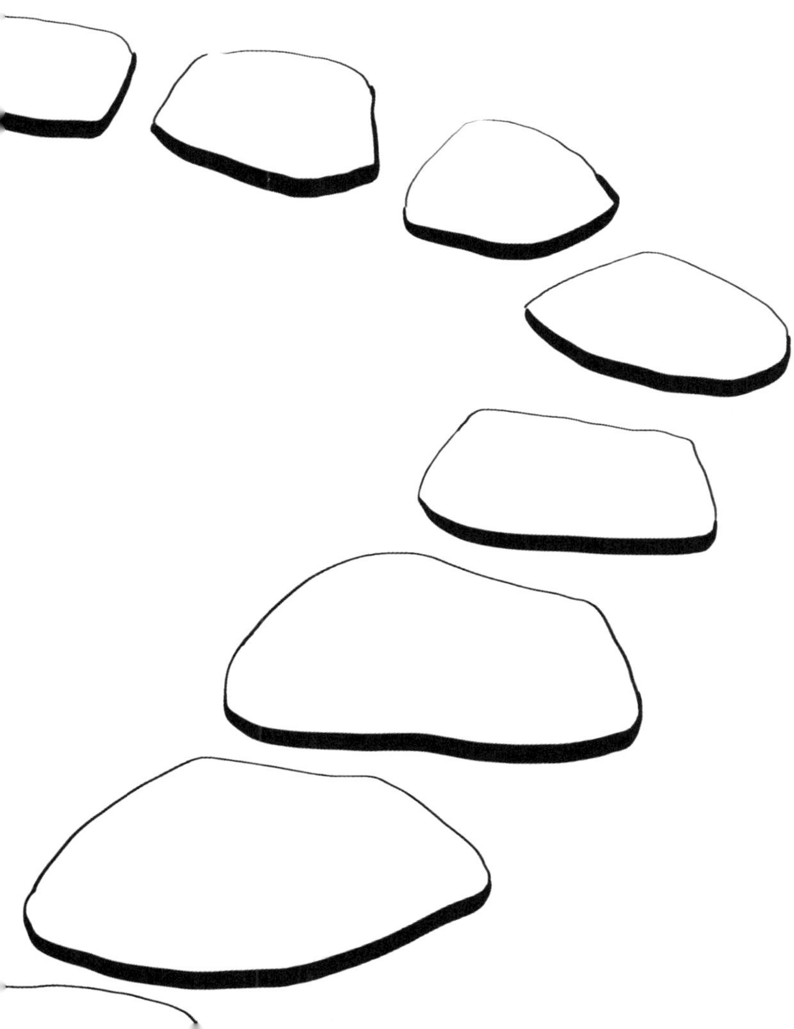

Willkommen in Lilienhausen ...

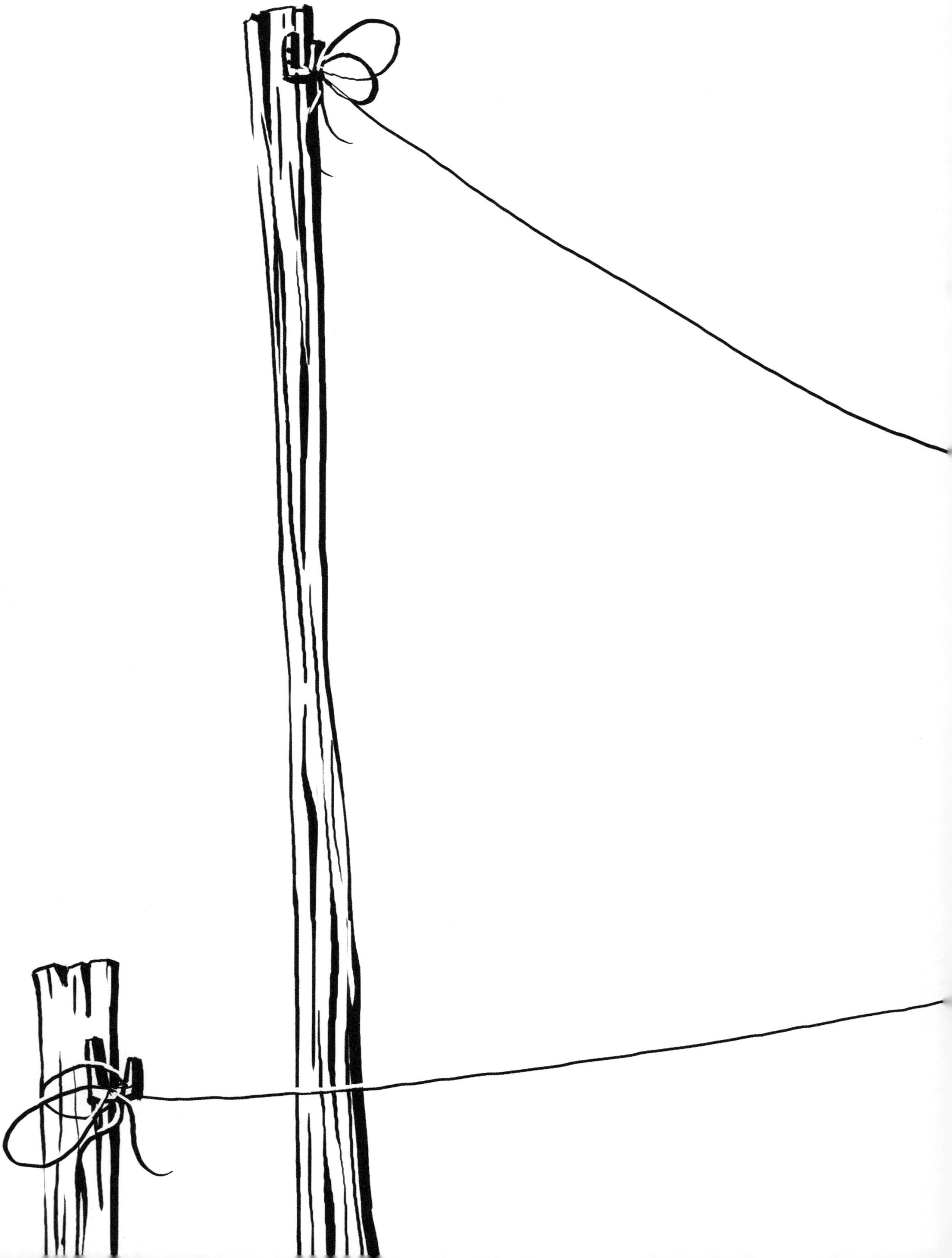

Mutter hatte recht! Hier wimmelt's von komischen Vögeln.

Hallo Herr Nachbar! Teil 2

NIMM DAS!

Es kann der Bravste nicht in Frieden leben,
wenn es den Mücken nicht gefällt!

HIER KANNST DU ZÜCHTEN WAS DU SCHON IMMER MAL AUF DEM TELLER HABEN WOLLTEST:

PUH
SPIELER 1 :

WER ZEICHNET DAS ABENTEUERLICHSTE BAUMHAUS? AN DIE STIFTE - FERTIG - LOS!
CHRRRR

SPIELER 2: ______________

Im warmen Sommerwind
federleicht schweben –
im Traum flieg ich mit

Warum in die Ferne schweifen?
Es geht doch nichts über ein
leckeres Gartenpicknick!

Nicht nur die
Blumen treiben's bunt
auch die neueste Bademode
lässt sich nicht lumpen.

ENDLICH!

Komm' mit ins Kirschparadies!

Das Schönste am
Grillen im Garten?

ANZÜNDEN!

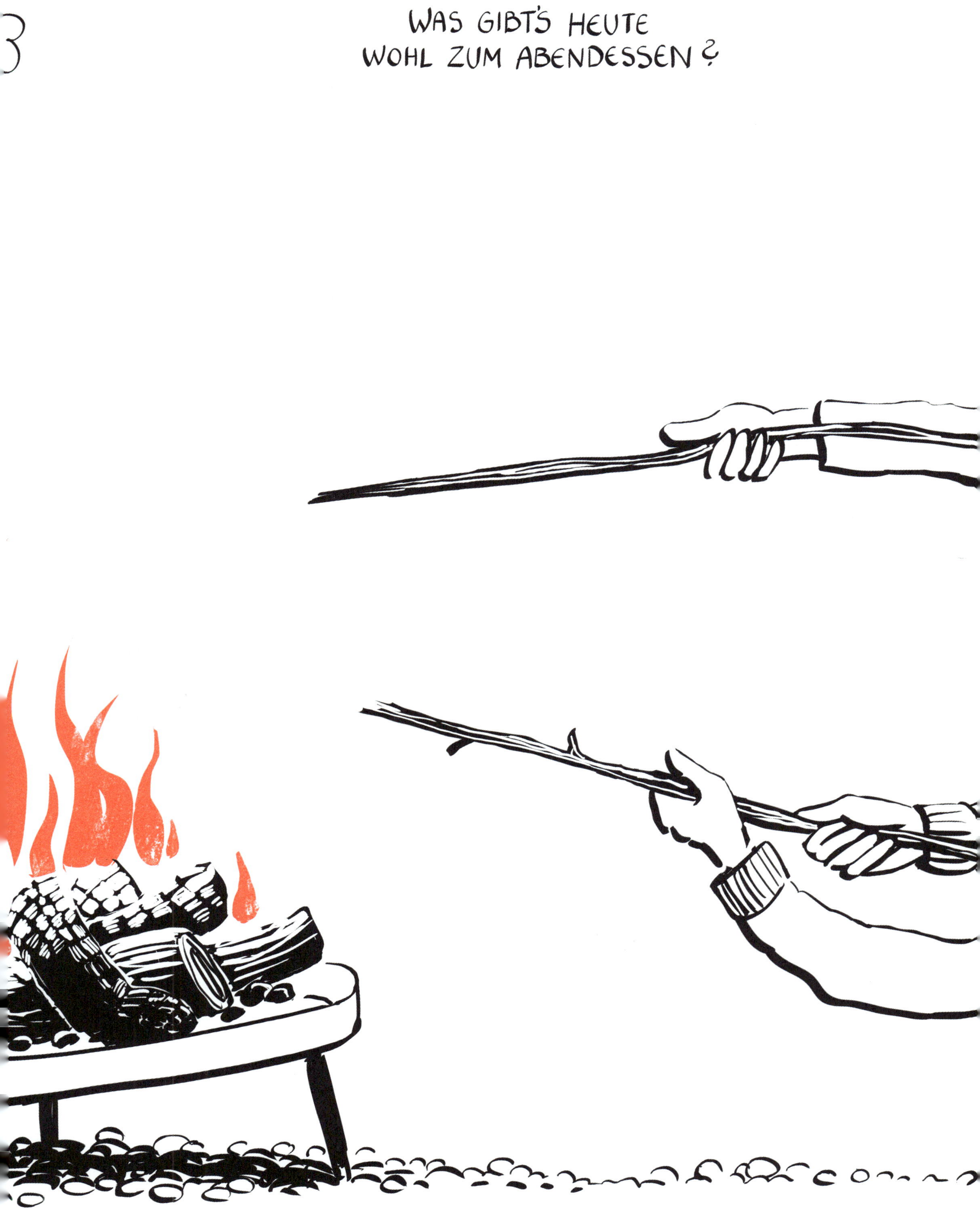
WAS GIBT'S HEUTE
WOHL ZUM ABENDESSEN?

SCHWARZE WOLKEN
BLITZ UND DONNER
STURM UND HAGEL –
SO EIN GEWITTER GAB'S
SEIT JAHREN NICHT MEHR!

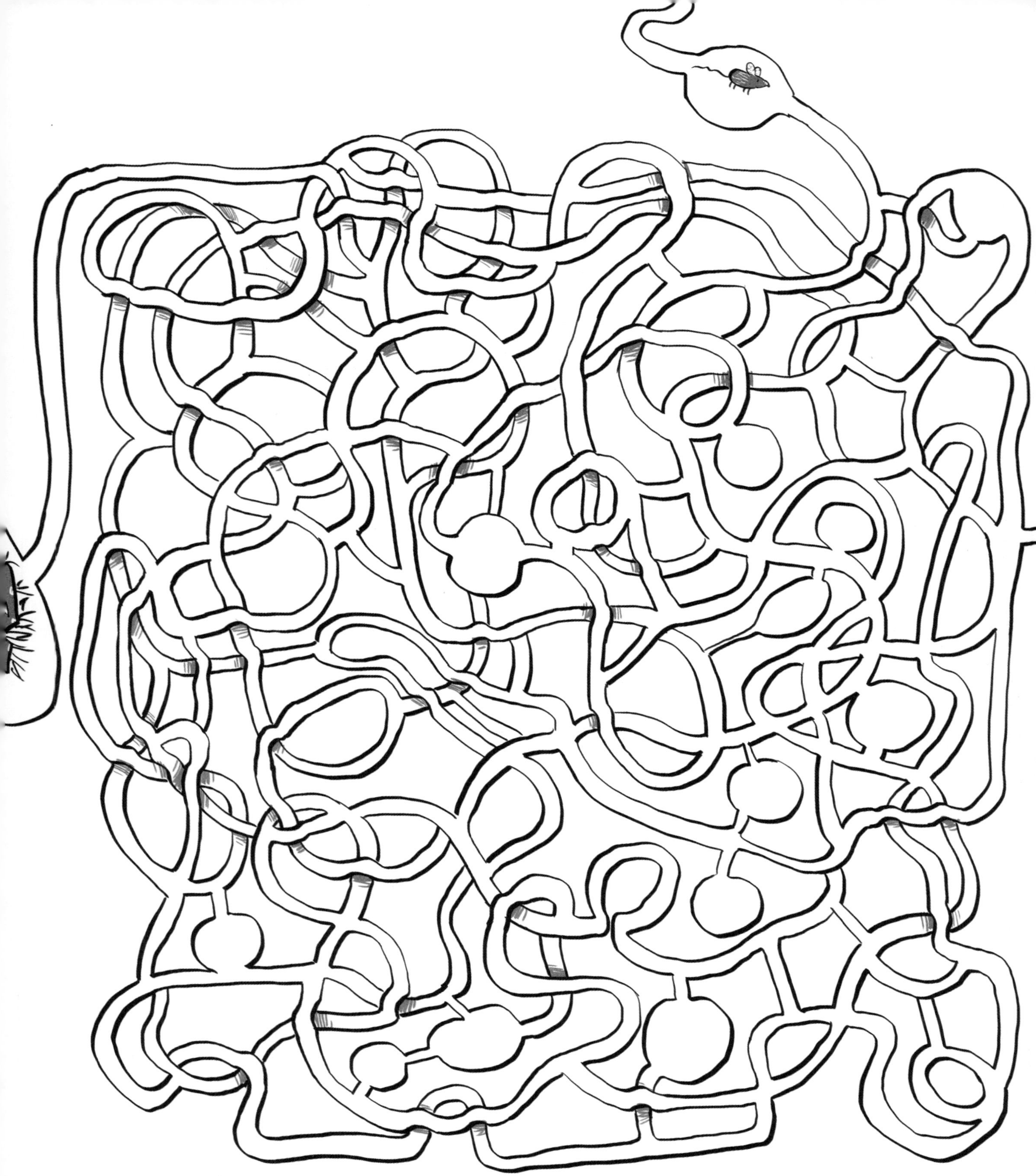

SPIELER 1: _ _ _ _ _ _ _ _ _

KRITZELBATTLE für zwe

FRIEDRICH LIEBT FRIEDA –
WER VON BEIDEN IST SCHNELLER
IM MÄUSELIEBESNEST ?

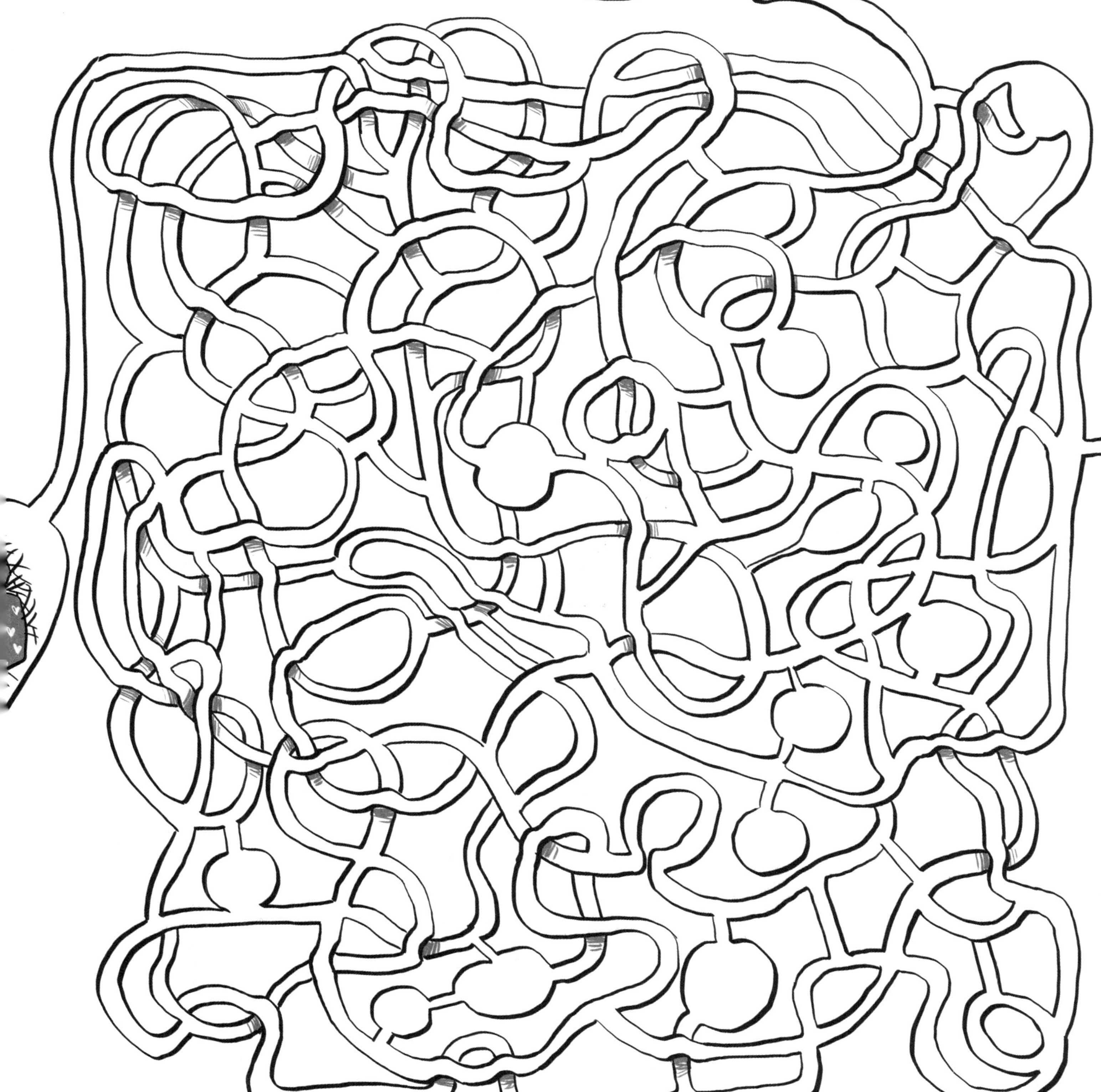

SPIELER 2: _ _ _ _ _ _ _ _ _

Die Hütte von Opa Piepenbrink
wuchert mehr und mehr zu.
Bald wird sie zum Einsatz kommen:
die neue Gartenzange!

Was fehlt noch in Oma Waltrauds Spezialdüngersammlung?

Brennnesseljauche
»Faulige Veilchen«

RST EIN ORDENTLICHES
SCHLAMMBAD UND DANN KRÄFTIG
SCHÜTTELN!

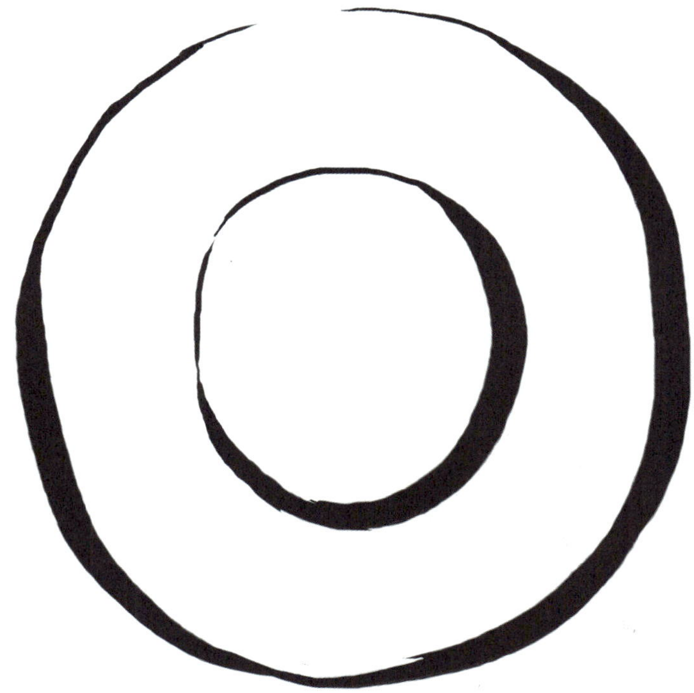

Hat der grüne Daumen
Dich verlassen,
bemal' halt fröhlich
Deine Tassen…

MACH MIT

bei der Mikrobenparty
im Komposthaufen!

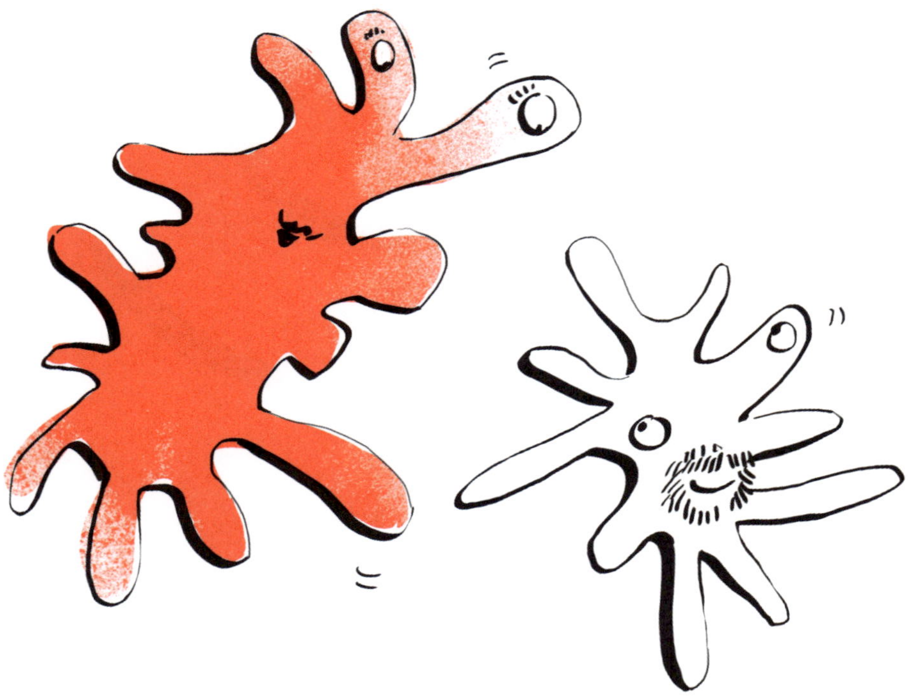

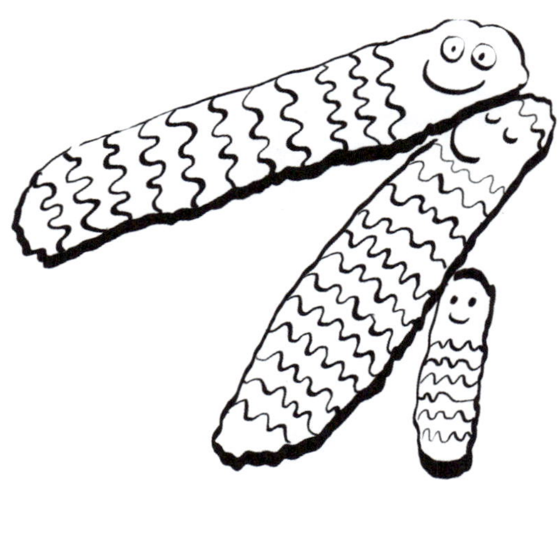

HE, PILZKOPF DU AUCH HIER?
YEA! LASS' UNS DIE KRASSE VERROTTUNG STARTEN!

SCHLUSS DAMIT! DAS IST KEINE GETRÄNKE-DOSE, DAS IST MEINE REGENTONNE!

... mit Muskelkraft
zur Musterschaft

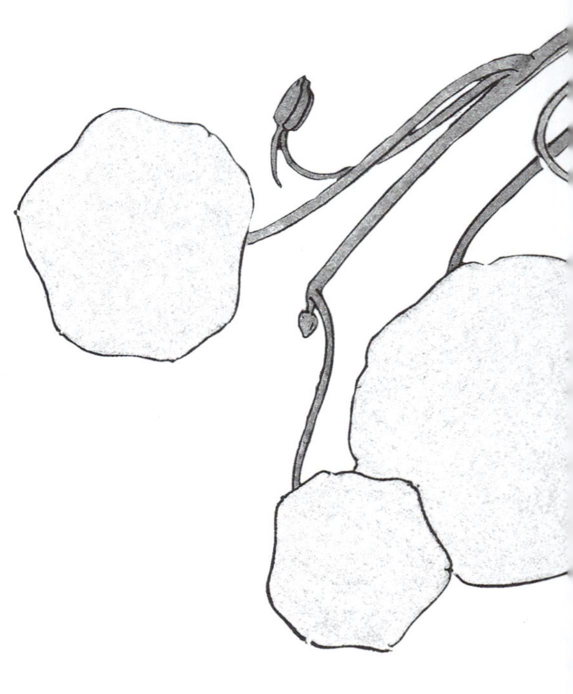

SALATKOPF
KOHLKOPF
KARTOFFELKOPF...

We proudly present:
Gem

secontest
Nr. 1
DAS DICKE DING

DIE FLEISCHFRESSENDEN PFLANZEN HABEN MÄCHTIG HUNGER!
GEMEINES SONNEN-MAUL
DROSERA FAMES MAXIMA

WIE SCHON OMA ZU SAGEN PFLEGTE:

»DER VORGARTEN IST DIE VISITENKARTE EINES HAUSES«

Diesen Samstag hab' ich Pause.
Acht wuschelige Schafe mähen heute
in meinem Garten.

MÄH

Hallo Herr Nachbar! Teil 3

SO TOLLE STACHELN WILL ICH AUCH MAL HABEN, WENN ICH GROSS BIN

DER MÖRDER IST IMMER DER GÄRTNER!

Familie Maulwurf hat ein neues Heim gebuddelt. Jetzt muss es nur noch gemütlich eingerichtet werden.

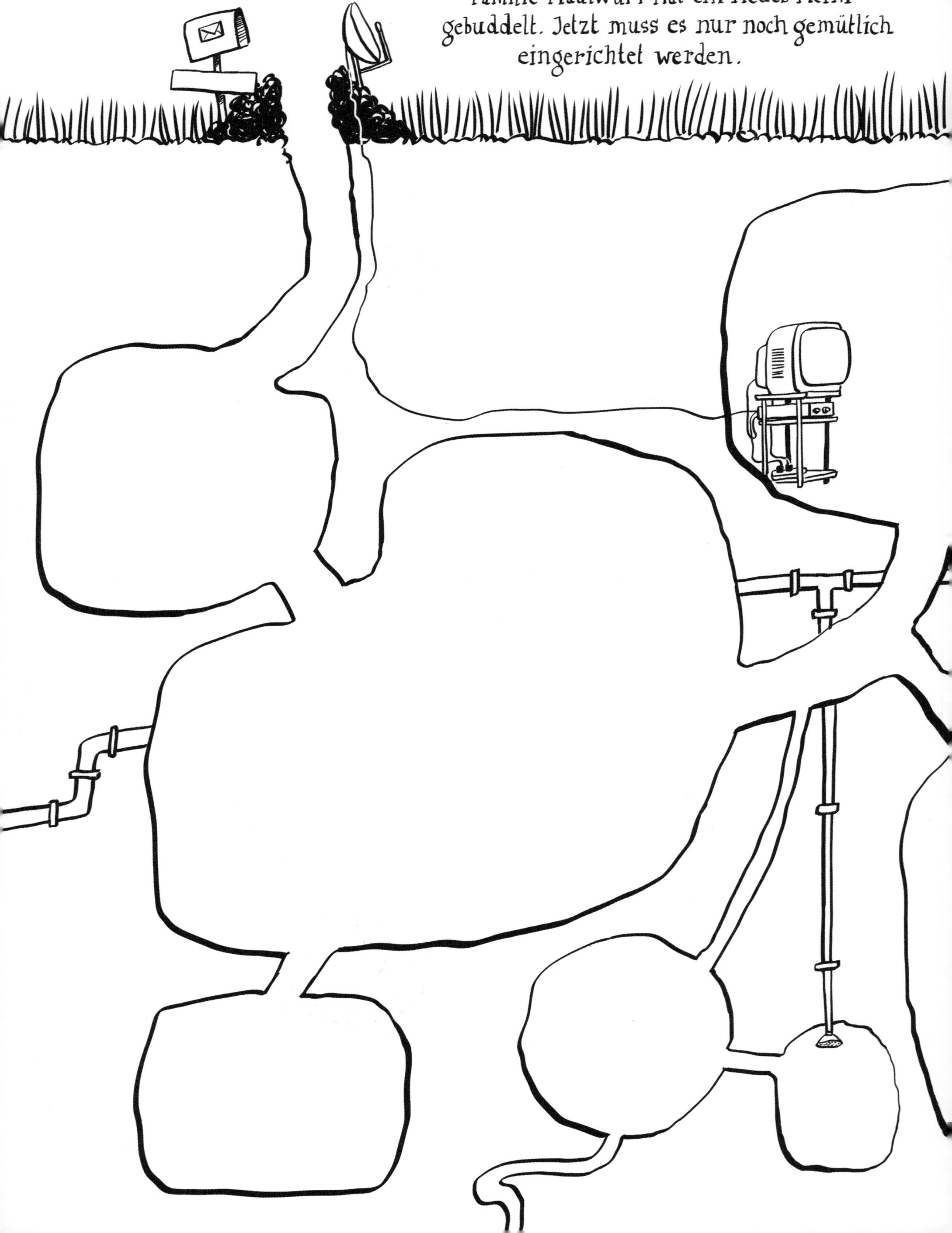

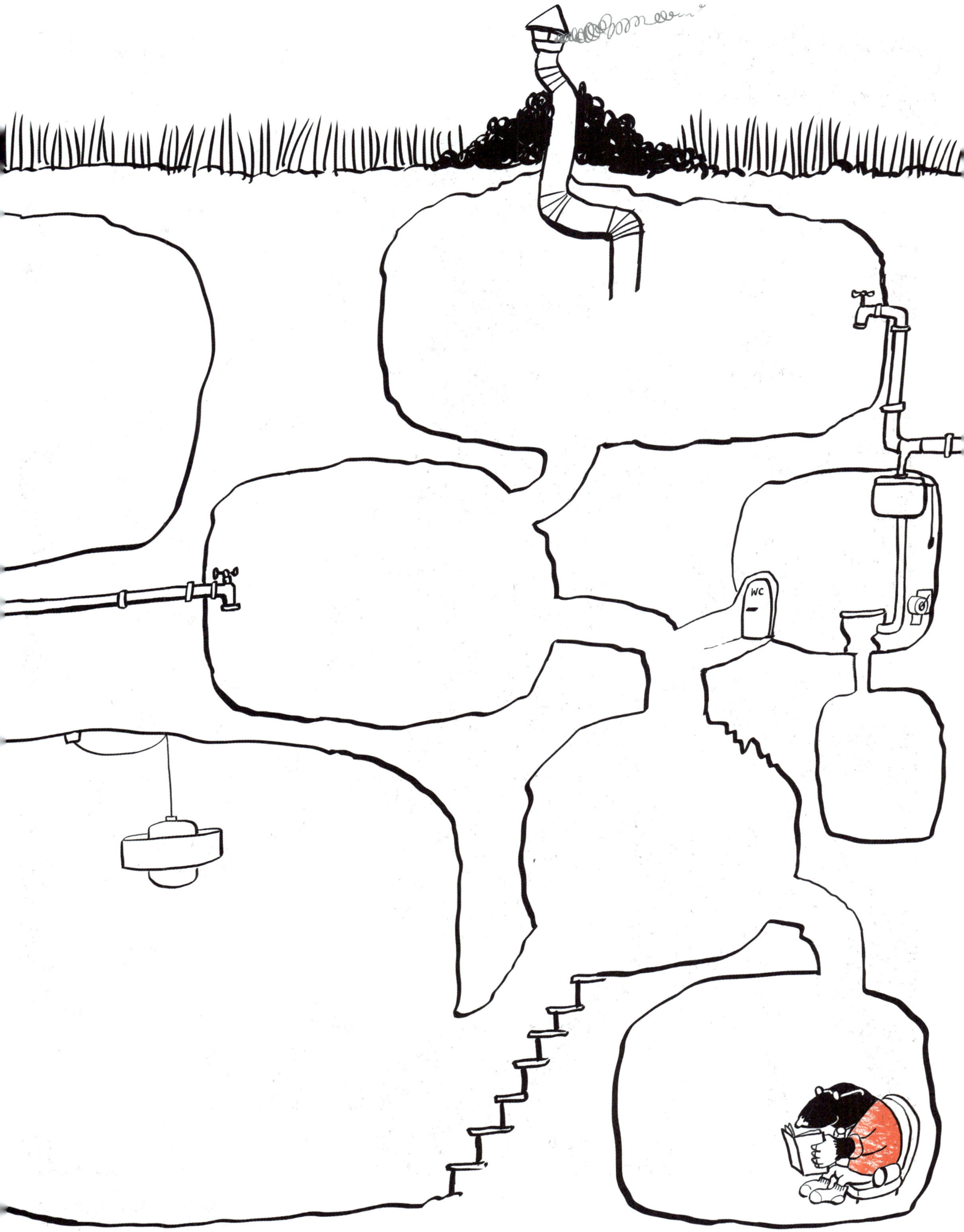
WC

KRITZELBATTLE für zwei

SPIELER 2

SPIELER 1: ___________

WER AM SCHNELLSTEN ALLE HUNDERT
LÄUSE NIEDERKRITZELT, HAT GEWONNEN!

Edelgarde und ihre fleißigen Freundinnen haben mit ihren flinken Beinen die Gräser für den Altweibersommer geschmückt.

Da ist kein
Durchkommen mehr.
Das Gewächshaus ist ein
riesiger Schlangengurkenurwald!

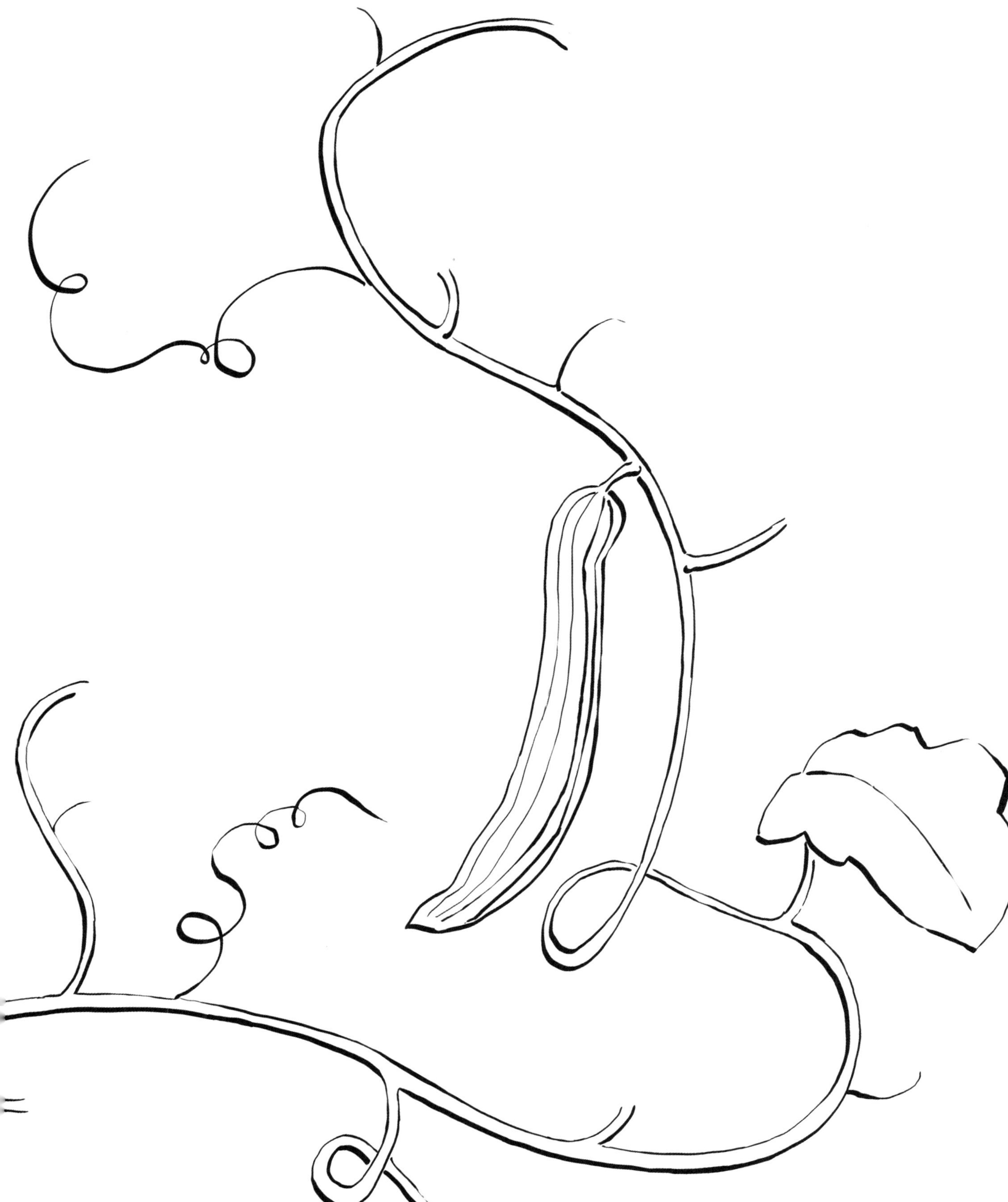

AHHH! SO VIELE SCHNECKEN IM BEET!
NIMM EINEN STIFT UND LASS' DEINEN GEFÜHLEN
FREIEN LAUF (siehe Abb. 1)

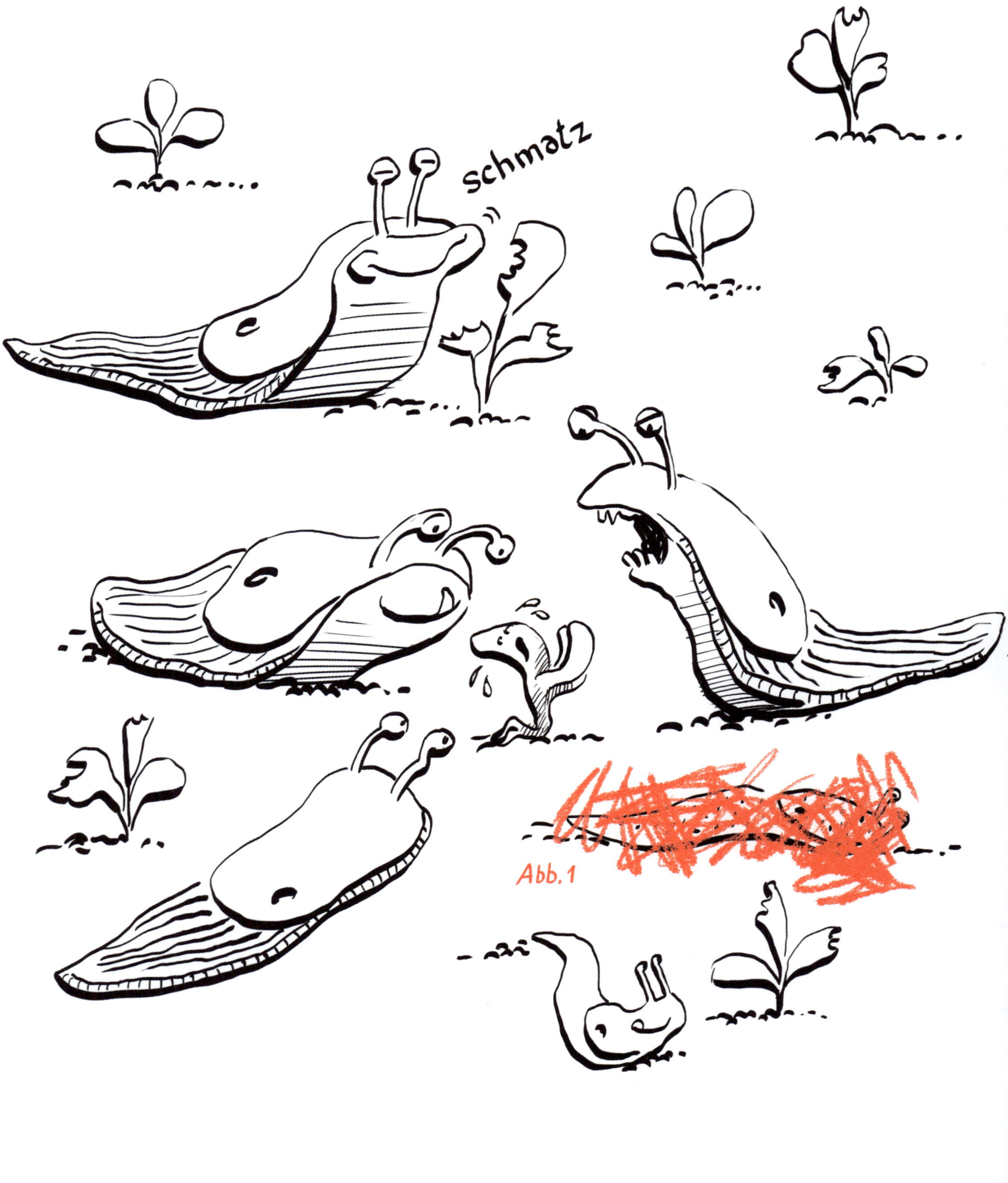

rülps

He! Wer lässt sich hier heimlich meine Äpfel schmecken?

MAMPF

Gerade als Janine mit dem Laubrechen fertig war, brach der Sturm los und wehte ihr die Arbeit von zwei Stunden um die Ohren!

HIER FEHLT DOCH WAS?

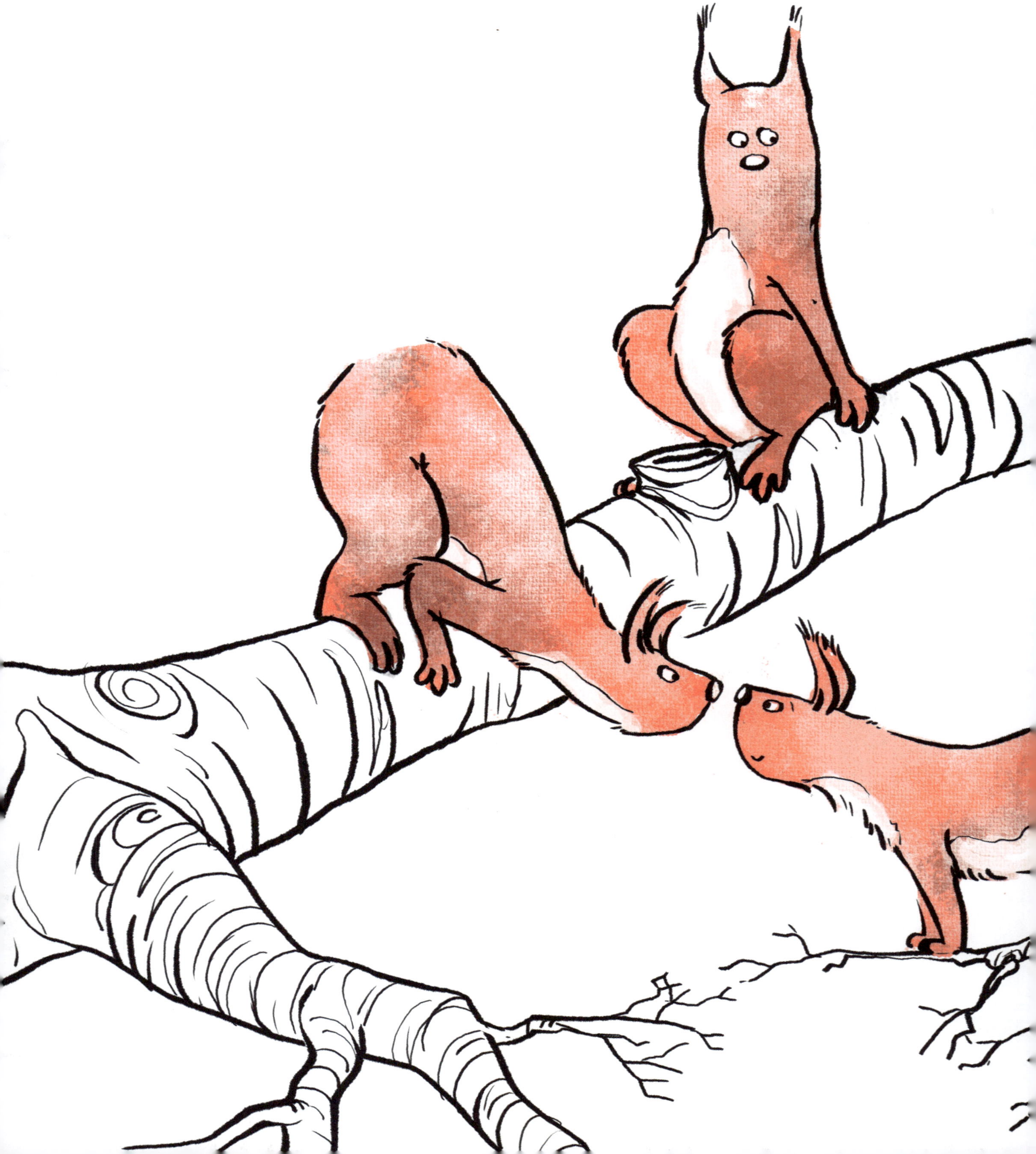

WAS IST DENN DAT DA AUF DEM BLATT DA?

ES GEHT DOCH NICHTS
ÜBER EINEN ORDENTLICHEN
BAUMSCHNITT !

Mandalas waren gestern.
Entspanne Dich beim
Jahresringe-Zeichnen.

Wintergrillparty bei uns im Garten!
Schneemann und Schneefrau haben sich schon ordentlich in Schale geschmissen.

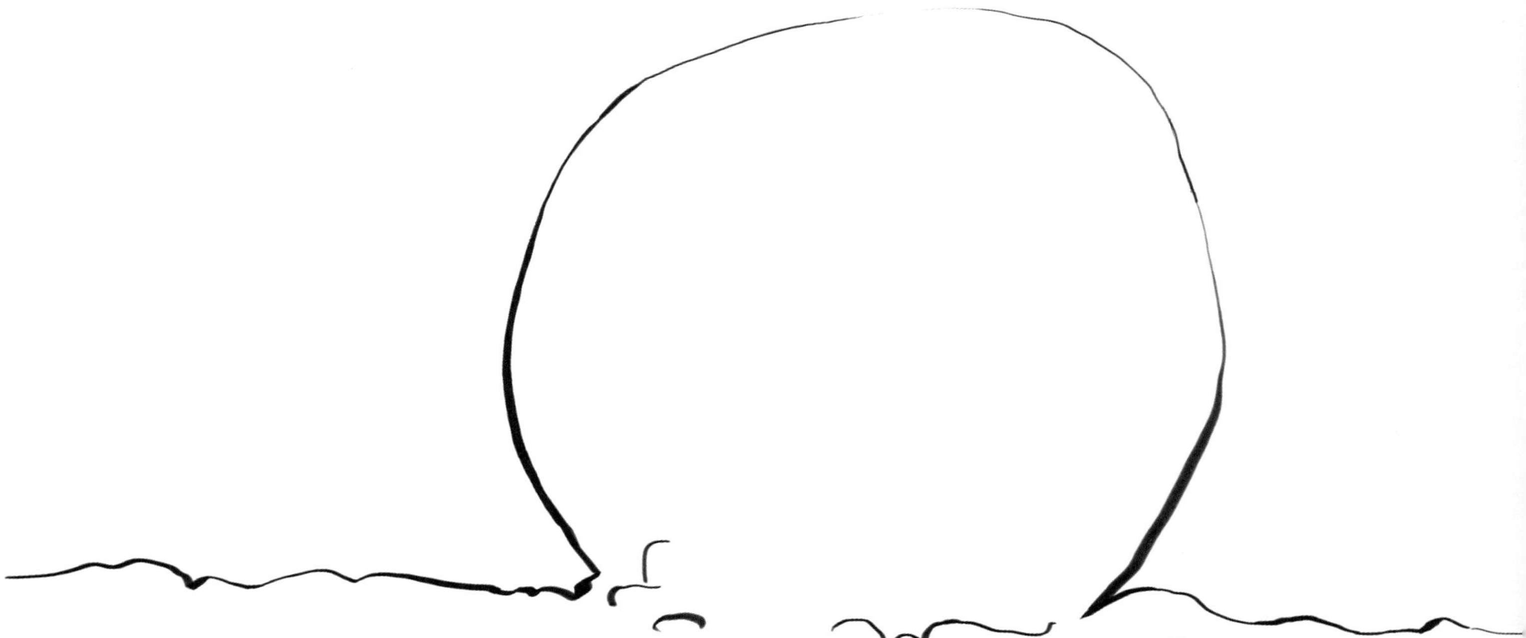

KINDER – DAS GUTE GEMÜSE!

LILLI L'ARRONGE KAM 2005 NACH MÜNSTER, UM ALS ILLUSTRATORIN ZU ARBEITEN. GLÜCKLICHERWEISE HAT SIE SOFORT EINEN ATELIERPLATZ BEI CORNELIA HAAS BEKOMMEN. SEITDEM MALEN, ZEICHNEN UND SCHREIBEN SIE SEITE AN SEITE IN DEN ATELIERS HAFENSTRASSE.
WENN LILLI L'ARRONGE NICHT GRADE MIT IHRER TOCHTER IN DER ERDE WÜHLT, KANN MAN SIE IN IHREM GEWÄCHSHAUSGURKENDSCHUNGEL SUCHEN ODER BEIM NÄCHTLICHEN SCHNECKENSAMMELN BEOBACHTEN.
CORNELIA HAAS BUDDELT DERWEIL IHREN BALKON UM UND DARF AB UND ZU SOGAR GASTBUDDELN BEI FREUNDEN IM SCHREBERGARTEN - SEHR ZUR FREUDE IHRES SOHNES JAKOB.